# ÉTUDE

## SUR LA

## TRANSCRIPTION HYPOTHÉCAIRE

CONSIDÉRÉE

AU POINT DE VUE DE SON APPLICATION

EN JUSTICE DE PAIX

### PAR A. MILON

*Juge de Paix à FORCALQUIER (Basses-Alpes).*

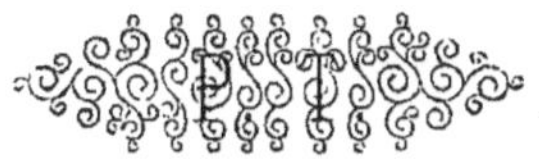

CARPENTRAS

IMPRIMERIE PAUL TOURRETTE, AVENUE D'AVIGNON.
1877.

# ÉTUDE

## SUR LA

## TRANSCRIPTION HYPOTHÉCAIRE

### CONSIDÉRÉE

### 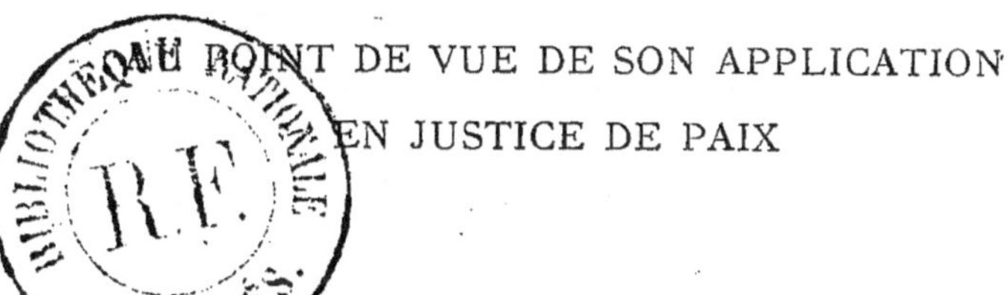AU POINT DE VUE DE SON APPLICATION EN JUSTICE DE PAIX

PAR A. MILON

*Juge de Paix à FORCALQUIER (Basses-Alpes).*

CARPENTRAS

IMPRIMERIE PAUL TOURRETTE, AVENUE D'AVIGNON.

1877.

# ÉTUDE

*Sur la Transcription hypothécaire, considérée au point de vue de son application en Justice de Paix.*

Parmi les nombreuses matières de notre législation dont la connaissance est indispensable aux magistrats près les Justices de Paix, la transcription hypothécaire est peut-être celle dont se sont le moins préoccupés les auteurs qui ont écrit à leur intention. C'est cette lacune que nous voudrions essayer de combler dans la mesure de nos forces. Si nous pouvons démontrer que l'étude de la loi sur la transcription est essentiellement utile, parce que les cas d'application se présentent quelquefois dans les affaires portées en Justice de Paix ; si nous pouvons indiquer, relativement à cette loi, la mission du magistrat cantonal et donner ainsi à nos confrères quelques conseils pratiques, notre ambition sera satisfaite.

# § I<sup>er</sup>

## ACTES
## ET JUGEMENTS SUJETS A TRANSCRIPTION

La loi du 23 mars 1855, qui est venue si utilement créer un nouveau régime de publicité de nature à assurer la propriété immobilière, est ainsi conçue :

ART. 1<sup>er</sup>. — Sont transcrits au Bureau des hypothèques de la situation des biens :

1° Tout acte entre vifs translatif de propriété immobilière ou de DROITS RÉELS susceptibles d'hypothèque (1) ;

2° Tout acte portant renonciation à ces mêmes droits ;

3° Tout jugement qui déclare l'existence d'une convention verbale de la nature ci-dessus exprimée ;

4° Tout jugement d'adjudication.......

---

(1) Les droits réels que la loi a voulu désigner sont :

1° L'usufruit d'un immeuble transmis par convention (et non l'usufruit léga résultant de la loi) ;

2° L'emphytéose POUR UNE DURÉE DE MOINS DE DIX-HUIT ANNÉES (ce qui, dans la pratique, est si rare que nous ne le mentionnons que pour mémoire) ;

3° Le droit de superficie, c'est-à-dire ce qui est à la surface du sol, comme les bâtiments, les arbres, les plantes de toute espèce ;

4° Les concessions de mines, carrières, chemins de fer et canaux ;

5° Les actions immobilières, c'est-à-dire toutes actions qui ont pour objet la propriété ou l'usufruit d'un immeuble, de sorte que toute cession ayant pour objet la revendication d'un immeuble est translative de propriété immobilière.

(FLANDIN. *De la Transcription hypothécaire, n° 350.*)

Art. 2. — Sont également transcrits :

1º Tout acte constitutif d'antichrèse, de servitude, d'usage et d'habitation ;

2º Tout acte portant renonciation à ces mêmes droits ;

3º Tout jugement qui en déclare l'existence en vertu d'une convention verbale ;

4º Les baux d'une durée de plus de dix-huit années ;

5º Tout acte ou jugement constatant, même pour bail de moindre durée, quittance ou cession d'une somme équivalente à trois années de loyers ou fermages non échus.

Art. 3. — ......etc....


En Justice de Paix l'application de cette partie de la loi peut être nécessaire : 1º dans divers cas de conciliation ou de transaction ; 2º dans certains jugements.

Nous nous occuperons séparément de chacune de ces catégories d'actes.


## 1º De la Transaction.


Dans le cadre des attributions diverses confiées aux Juges de Paix, celle de magistrat conciliateur est, sans contredit, la plus importante. Le législateur, dans le Code de procédure d'abord, et ensuite dans la loi du 25 mai 1838, a bien montré, lorsqu'il a imprimé un caractère obligatoire à la tentative de conciliation, l'estime qu'il faisait des services que les Juges de Paix ont rendus, depuis leur institution, à leurs justiciables. Il a élevé leur prérogative à la hauteur d'une véritable mission, au point que l'on pourrait se demander si, jugés dignes de tant

de confiance sous ce point de vue, ils méritent d'être
traités d'autre part avec une ombrageuse rigueur lorsqu'il s'agit de déterminer l'étendue de leur juridiction.
Si, en effet, leur action au bureau de Paix peut s'exercer
utilement sur des intérêts d'une importance illimitée, il
ne serait que juste, semble-t-il, de leur accorder sur leur
siége de juge une estime pareille, et de les environner
d'une égale considération en étendant, au moins en premier ressort, leur compétence. Mais laissons de côté ces
réflexions qui ne seraient pas ici à leur vraie place, et
rentrons dans notre sujet.

La transaction sur conciliation est très-fréquente en
Justice de Paix. Quand elle porte sur des choses mobi-
lières, elle est rarement constatée par procès-verbal : le
magistrat en prend note ou bien elle est exécutée séance
tenante. Il ne saurait en être de même quand elle a
pour objet la propriété d'un immeuble, une servitude
ou autres droits réels énumérés ou compris dans les
articles 1 et 2 de la loi du 23 mars 1855. Ici il devient
indispensable de rédiger par écrit les conventions intervenues entre les parties par la médiation du magistrat.
Or selon que ces conventions seront TRANSLATIVES ou sim-,
plement DÉCLARATIVES de la propriété d'immeubles ou de
droits réels, il y aura lieu ou non de faire transcrire
la transaction au Bureau des hypothèques de la situation
des biens.

Pour établir la distinction des conventions sujettes à
transcription et de celles qui en sont dispensées, nous
ne saurions mieux faire que de donner la parole à plus
compétent que nous. M. Troplong, dans son commentaire de la loi sur la transcription, s'exprime ainsi :

« N° 69. La transaction est tantôt déclarative et tantôt

translative de propriété. Le plus souvent et par sa nature elle est déclarative. La loi suppose qu'en transigeant pour prévenir ou terminer un litige, les parties se sont fait justice à elles-mêmes et ont reconnu la vérité. Dans cet ordre d'idées, la transaction ne constitue pas un nouveau titre ; elle n'a pour but que de certifier un droit existant précédemment mais douteux, et, comme le dit Dumoulin, elle ne fait que délivrer ce droit d'une controverse.

, « C'est pourquoi celui à qui on abandonne un immeuble par une transaction, acquiert moins cet immeuble que le désistement d'un procès sur cette chose. Ainsi donc, en règle ordinaire, la transaction portant sur un immeuble disputé ne doit pas être transcrite ; elle n'est pas un acte translatif, elle est une déclaration DE RE DUBIA. »

« N° 70. Mais il arrive quelquefois que l'une des parties, voulant obtenir une conclusion favorable, abandonne à l'autre une chose sur laquelle il n'y avait pas de contestation. Alors la transaction prend un caractère translatif ; elle comprend une vente EN CETTE PARTIE.

« Par exemple : Primus est en débat avec Secundus sur l'immeuble A. Un procès menace de s'entamer, et Primus, redoutant les tracasseries et les frais qui en seront la suite, abandonne à Secundus un demi-hectare de pré situé dans le voisinage, MAIS NON CONTESTÉ. Ici la transaction est translative en ce qui concerne LE PRÉ, et Secundus devra s'en faire investir à l'égard des tiers par la transcription. Mais en ce qui concerne l'immeuble A abandonné à Primus, la transaction conservera son caractère déclaratif, et ce n'est pas sur ce point que la transcription devra porter. »

Cette démonstration est on ne peut plus claire et logique. Aussi les auteurs qui ont traité plus tard le même sujet (notamment M. Flandin, dans son remarquable ouvrage *De la Transcription hypothécaire*, au tome 1er, nos 329 et s.) ont adopté la même définition, qui est cependant contestée sur certains points par Mourlon. Celui-ci n'admet pas que la transaction simplement déclarative de propriété soit dispensée de la transcription, et il se fonde principalement sur ce que le § 2 de l'art. 1er de la loi du 23 mars 1855 assujétit à cette formalité les renonciations. Son argumentation est longuement réfutée par Flandin, et nous n'hésitons pas à dire que ce dernier auteur soutient, comme Troplong et tant d'autres, les vrais principes.

Donc, il paraît bien certain que chaque fois que la transaction ne se bornera pas à faire reconnaître par l'une des parties que la propriété contestée, abandonnée à l'autre, appartenait réellement à celle-ci, il y aura lieu à transcription parce qu'alors elle établira nécessairement que l'un des contractants, soit en vue d'éviter un procès douteux, soit en retour de la renonciation de son adversaire à des droits par lui réclamés, cède à ce dernier un immeuble, une servitude, un droit immobilier quelconque NON CONTESTÉ, ce qui a, quant à ce, le caractère translatif.

Il arrive assez souvent que ni l'un ni l'autre des prétendants ne pouvant justifier de ses droits exclusifs sur l'objet en litige, on l'attribue en partie à chacun d'eux. Il est bien évident qu'ici il n'y a pas translation de propriété et que la transcription n'est pas nécessaire.

Ainsi, dans toute transaction le Juge de Paix doit s'occuper avant tout de la distinction qui vient d'être établie, et faire concorder le libellé du procès-verbal avec la vérité du fait. Nous n'avons garde de l'encourager à rédiger dans la forme déclarative une transaction dont le caractère vrai serait translatif, car CETTE ALIÉNATION DÉGUISÉE n'en devrait pas moins être transcrite ; mais nous ne saurions trop le prémunir contre le danger de tomber dans l'erreur contraire, c'est-à-dire que chaque fois qu'il s'agira d'attribuer définitivement la propriété d'un immeuble, une servitude ou tout autre droit réel en litige, à l'une des parties, nous l'engagerons à s'exprimer dans la transaction en termes tels que l'on croie non à une aliénation de propriété immobilière ou de tout autre droit réel, mais seulement à la reconnaissance du droit de l'une des parties par la partie adverse qui renonce à ses prétentions sur l'objet litigieux.

La transaction devant le Juge de Paix peut aussi intervenir dans divers autres cas. Nous citerons à cet égard quelques exemples :

1° Une partie prétendant avoir acheté verbalement un immeuble fait citer son vendeur en conciliation sur la demande qu'il se propose de former contre lui en délivrance de cet immeuble. Devant le magistrat, les parties se mettent d'accord sur la vente ; elle sera constatée, et les conditions en seront libellées dans un procès-verbal qui devra certainement être soumis sans retard à la transcription. Il en sera de même en cas de vente ou de constitution verbale de tout autre droit réel d'antichrèse, de servitude, d'usage et d'habitation, et aussi dans le cas d'un échange qui n'est pas autre chose qu'une vente sous une forme différente.

Il peut arriver encore que les parties, étant d'accord

sur la vente, ne s'entendent pas immédiatement sur le prix, et qu'elles en confient la fixation à des arbitres. Le procès-verbal devra également être transcrit, parce que si l'arbitrage a lieu, les effets de la vente remonteront au jour du traité. ( Flandin, n°ˢ 544, 553. )

Disons, en passant, que les objets qui sont immeubles par destination, perdant leur caractère immobilier quand ils sont séparés du fonds auquel ils adhèrent, la transaction, la vente ou le jugement portant sur ces objets, pris isolément, ne sont pas sujets à transcription.

2° On cite en conciliation préalablement à une demande tendant à faire reconnaître l'existence : 1° d'un bail de plus de dix-huit années, 2° d'un paiement ou d'une cession de somme équivalente à trois années de loyers ou de fermages non échus (quand cette somme est supérieure au taux de la compétence du Juge de Paix). Si une transaction intervient et qu'elle porte reconnaissance des droits du demandeur, elle devra être transcrite.

3° Quelquefois la transaction se présentera sous la forme d'une RENONCIATION. D'après Troplong, les renonciations dont s'occupe la loi du 23 mars 1855 ne sont pas celles que l'on peut qualifier d'EXTINCTIVES, par lesquelles on répudie un droit dont on n'a pas encore été investi ; ce sont, dit-il, les renonciations TRANSLATIVES, par lesquelles on se dépouille d'un droit antérieurement obtenu. Ce principe est encore contesté par M. Mourlon, mais M. Flandin l'adopte en le développant. « Il ne faut pas oublier (dit-il au n° 436) que le principe de la loi sur la transcription est de ne soumettre à la formalité que les actes qui sont constitutifs ou translatifs de biens ou droits immobiliers, et il n'y a aucune raison de penser que le législateur ait voulu s'écarter de ce principe dans une disposition qui n'en est, au contraire, que le corollaire. »

Le même auteur fait ensuite l'énumération des cas de renonciation dans lesquels la transcription est nécessaire. Nous détachons de la liste ceux qui ont rapport à notre sujet. Ce sont :

**A.** — La renonciation que fait l'usufruitier à son droit d'usufruit *déjà accepté et dont il serait en possession* ;

**B.** — La renonciation à un droit de servitude ;

**C.** — L'acte par lequel le copropriétaire d'un mur mitoyen abandonne son droit de mitoyenneté pour se soustraire à l'obligation de contribuer aux dépenses de réparation ou de reconstruction du mur ( Code civil, art. 656 ) ;

**D.** — L'abandon que ferait du fonds assujéti le propriétaire de ce fonds au maître de l'héritage auquel une servitude est due, aux fins de s'affranchir de l'obligation de faire à ses frais les ouvrages nécessaires pour l'usage ou la conservation de la servitude (Id., art. 699) ;

**E.** — La convention par laquelle le propriétaire d'un fonds auquel est attachée activement la servitude NON ÆDIFICANDI, autorise le propriétaire du fonds servant à y élever des constructions, ce qui constitue une renonciation tacite et indirecte à un droit de servitude ;

**F.** — La renonciation à des droits d'usage et d'habitation.

On ne peut qu'approuver cette énumération et adopter

encore l'opinion de Flandin, quand il dit, avec Troplong ;
que « la renonciation à une prescription accomplie n'est
pas assujétie à la transcription. Elle n'est que la reconnaissance du droit d'autrui ; elle implique l'aveu de la
part du renonçant qu'il n'a jamais été propriétaire de
l'immeuble qu'il possédait, et a, par conséquent, un caractère purement déclaratif. »

Pour tout résumer, en un mot, relativement à la renonciation, on peut donc dire que si l'on renonce à un droit
immobilier certain, acquis, on transmet ce droit, et dès
lors il y a lieu à transcription ; tandis que si l'on renonce
à un droit douteux on est censé reconnaître que ce droit
n'existe pas, il n'y a pas lieu de faire transcrire.

## 2° Du Jugement.

D'après la loi du 23 mars 1855, art. 1, n° 3, et art. 2,
n°ˢ 3 et 5, les jugements sont sujets à transcription dans
deux cas :

1° Quand ils déclarent l'existence d'une convention
verbale de la nature exprimée aux articles 1 et 2, n°ˢ 1 et
2, c'est-à-dire contenant translation de propriété immobilière ou de droits réels susceptibles d'hypothèque, ou
constitutive de droits d'antichrèse, de servitude, d'usage
et d'habitation, ou enfin portant renonciation à ces
mêmes droits ;

2° Quand ils constatent quittance ou cession d'une
somme équivalente à trois années de loyers ou fermages
non échus.

Le premier cas ne peut guère se présenter devant le
Juge de Paix. En effet, d'un côté, les actions relatives à
des biens de nature immobilière ne peuvent lui être sou-
mises qu'en conciliation, ce qui exclut de sa part tout
jugement en ces matières et ne lui permet d'en connaître
qu'à titre de transaction, comme nous l'avons dit plus
haut. D'autre part, le Juge de Paix ne pourrait même pas
consacrer ici utilement ce qu'on appelle un contrat judi-
ciaire ou jugement d'expédient, formé par le consentement réciproque des parties, car non-seulement il n'a pas
autorité pour recevoir un consentement de cette nature
sous la forme de jugement, mais les parties ne pour-
raient pas non plus proroger sa juridiction quant à ce. On
sait que la prorogation de juridiction permise par l'art. 7
du Code de procédure civile ne peut s'exercer (indépen-
damment de la latitude laissée à cet égard relativement
au domicile des parties ou à la situation de l'objet litigieux) que pour les matières dont le Juge de Paix peut
connaître, et non pour celles qui sont complétement en
dehors de sa compétence. Si un arrangement à cette fin a
lieu entre deux parties litigantes, il ne peut être constaté
que par un contrat notarié ou un acte sous seing-privé
signé des deux parties ; ou, si elles adoptent la forme
d'un jugement, il devra aussi recevoir leur signature et
vaudra comme acte sous seing-privé. Mais lorsque l'un
des plaideurs ne sait pas signer, l'acte notarié est seul
possible, nécessité à laquelle on échappe devant le bureau
de conciliation, la formalité de la signature n'y étant pas
exigée. Si une transaction intervient, en effet, dans cette
circonstance et que l'une des parties ne sache pas écrire,
il suffit de le mentionner, la convention est valable.

Le second cas, au contraire, peut se produire dans un

jugement, soit que la somme objet de la demande n'excède pas la compétence du Juge de Paix, soit qu'elle y rentre par la volonté des parties manifestée dans les formes établies par l'art. 7 du Code de procédure civile. Donc, chaque fois qu'un jugement constatera quittance ou cession d'une somme équivalente à trois années ou plus de loyers ou fermages non échus, il sera sujet à transcription.

Il est à peine besoin de dire que le jugement sur action possessoire ne saurait dans aucun cas être soumis à cette opération. Il n'est évidemment pas translatif, mais seulement déclaratif d'un droit acquis ou conservé par la possession annale.

----

# § II

## EFFETS DE LA TRANSCRIPTION

----

Les articles 3 et 6 de la loi du 23 mars 1855 déterminent les effets de la transcription et les conséquences résultant de l'omission de cette formalité ; en voici le texte :

Art. 3. — Jusqu'à la transcription les droits résultant des actes et jugements énoncés aux articles précédents ne peuvent être opposés aux tiers qui ont des droits sur l'immeuble et qui les ont conservés en se conformant aux lois.

Les baux qui n'ont point été transcrits ne peuvent jamais leur être opposés pour une durée de plus de dix-huit ans.

Art. 6. — A partir de la transcription, les créanciers privilégiés ou ayant hypothèque aux termes des art. 2123-2127 et 2128 du Code civil ne peuvent prendre utilement inscription sur le précédent propriétaire.

Néanmoins le vendeur ou le copartageant peuvent utilement inscrire les priviléges à eux conférés par les art. 2108 et 2109 du Code civil dans les quarante-cinq jours de l'acte de vente ou de partage, nonobstant toute transcription d'actes faits dans ce délai.

Les articles 834 et 835 du Code de procédure civile sont abrogés.

Il n'entre pas dans le cadre de notre travail de faire un long commentaire de ces deux articles, même au point de vue spécial qui nous occupe. Ce sujet a été traité savamment par les auteurs que nous avons cités et par un grand nombre d'autres non moins autorisés, notamment en dernier lieu par Dalloz (J. G., v° Transcription hypothécaire). On les lira avec intérêt, si l'on veut connaître à fond l'économie de la loi qui règle la transcription. Notre rôle plus modeste doit se borner à extraire de la législation et à commenter brièvement ce qui peut trouver son application dans la pratique des Justices de Paix, c'est-à-dire à indiquer les principes que les magistrats cantonaux doivent rigoureusement connaître, et les mesures qu'ils sont appelés à prendre dans l'intérêt des justiciables que la loi a placés sous leur bienveillante et paternelle protection.

Dans cet ordre d'idées, nous avons peu de chose à dire au sujet des art. 3 et 6 de la loi. Ils disposent, comme on le voit, que les actes et jugements ne peuvent, tant que la transcription n'en est pas effectuée, être opposés AUX TIERS qui ont des droits de propriété, de privilége ou d'hypothèque sur l'immeuble.

Il ne servirait de rien d'obtenir un jugement, une transaction, si l'on ne devait pas s'assurer le plein avantage que ces titres sont appelés à procurer par l'accomplissement d'une formalité indispensable. Pourquoi, en effet, acquérir la propriété d'un immeuble si, par sa négligence à faire transcrire, on s'expose à ce qu'un vendeur de mauvaise foi le transmette à nouveau à un tiers qui, faisant transcrire le premier, obtiendra la préférence ? Ou bien encore, il arrivera que le vendeur grèvera le bien d'hypothèques qui seront valables par l'inscription opérée avant que la première acquisition ait reçu la publicité de la transcription. De même pour tout autre droit réel, notamment pour les servitudes : Faute de soumettre immédiatement à la formalité voulue une transcription constitutive de servitude, l'immeuble grevé sera affranchi; en supposant que le propriétaire le vende sans faire mention du droit qu'il a déjà concédé, et que l'acheteur transcrive son titre avant que l'acte établissant la servitude ait reçu la même publicité.

On pourra être tenté de nous dire : Vous posez des hypothèses inadmissibles ! Si la transaction ou le jugement ne peuvent être opposés aux tiers tant qu'ils ne sont pas transcrits, ils n'en restent pas moins valables à l'égard des parties qui y ont concouru, et alors on ne peut supposer que celui qui a aliéné un fonds, un droit immobilier, aille de nouveau vendre, hypothéquer ce fonds ou céder ce droit; il se rendrait stellionataire et pourrait être actionné comme tel. Tout cela est vrai, mais nous répondrons : Qu'est devenue, de fait, la gravité du stellionat (art. 2059 C. c.) depuis la loi du 22 juillet 1867, qui a aboli la contrainte par corps en matière civile ? La pénalité a disparu ; il ne reste que l'action en dommages-intérêts. Or il est permis de douter que la crainte de cette action soit de nature à arrêter certains vendeurs dans leurs agissements.

Du reste, ces considérations n'ont guère touché MM. Troplong, Flandin, Dalloz et tant d'autres dont nous ne sommes qu'un bien faible écho. Ces éminents jurisconsultes non seulement n'ont pas dédaigné de prévoir et de traiter les hypothèses en question, mais ils les ont développées avec la plus ample argumentation. Et remarquez qu'ils ont écrit pendant que la législation pénale sur le stellionat existait encore, en sorte que le reproche que l'on pourrait nous faire les atteindrait directement en passant sur notre tête.

Bien plus, ajoutant à notre démonstration, nous soutenons que les cas dont nous nous occupons, quoique rares si l'on veut, sont susceptibles de se présenter en plus grand nombre en Justice de Paix que dans l'étude du notaire ou devant les tribunaux de première instance, et voici pourquoi : Les affaires qui se traitent devant le notaire ou se produisent devant ces tribunaux (et qui sont certainement celles que les jurisconsultes susnommés ont eues surtout en vue) portent le plus souvent sur un fonds de terre tout entier, sur une propriété d'une certaine importance, et alors ce ne pourra être QUE DE MAUVAISE FOI que le vendeur fera des actes préjudiciables au premier acquéreur ; au lieu que, devant le Juge de Paix, il s'agira, dans la plupart des cas, d'une petite parcelle dépendant d'un fonds de terre, ou bien d'une servitude, c'est-à-dire d'un simple démembrement de la propriété, de sorte que, MÊME SANS QU'IL Y AIT INTENTION DOLOSIVE DE SA PART, le propriétaire de ce fonds pourra faire des actes postérieurs d'aliénation ou d'affectation hypothécaire qui disposent de cette parcelle, qui éteignent cette servitude, si mention n'a pas été faite par lui des conventions déjà intervenues devant le Juge de Paix, et si, d'autre part, l'acquéreur ou le créancier bailleur de fonds fait transcrire ou inscrire son titre avant que les conventions primitives aient été consolidées par la transcription.

Il n'était pas inutile de nous arrêter un instant à ces hypothèses qui permetttent d'apprécier les principaux inconvénients du défaut de transcription. Mais il y en a d'autres encore qui ne sont pas moins démonstratives. Pour ne citer qu'un cas : n'est-il pas prudent de faire transcrire pour connaître la situation hypothécaire de l'immeuble au moment de l'acquisition et arrêter l'inscription d'hypothèques ou de priviléges antérieurs qu'on aurait négligé de rendre publics ?

Quant au préjudice pouvant résulter de la non transcription des baux de plus de dix-huit années et des actes ou jugements constatant quittance ou cession de fermages ou loyers non échus, nous nous dispenserons d'en parler. La simple lecture de la loi fait suffisamment comprendre à quoi s'exposeraient les bénéficiaires de ces droits qui négligeraient de faire transcrire leurs titres.

# § III

## FORMES DE LA TRANSCRIPTION ;
## PERSONNES CHARGÉES DE LA FAIRE OPÉRER.

Puisque le défaut de transcription, dans les cas où elle est exigée, peut causer de si grands préjudices, on ne saurait mettre trop d'empressement à la faire opérer.

La forme de la transcription est bien simple : il suffit de présenter au conservateur des hypothèques de la situation des biens une expédition ou copie ENTIÈRE de l'acte, transaction ou jugement à transcrire. Cette expédition est restituée après l'accomplissement de la formalité légale, et elle en contient la mention. La loi du 23 mars 1855 ne dit pas que l'acte ou jugement sera transcrit en entier, mais ce silence laisse subsister la règle tracée par l'article 2181 du Code civil qui s'explique formellement à cet égard.

On peut aussi faire opérer la transcription en présentant la minute même de l'acte ou du jugement.

Les actes sous seing-privé sont présentés pour être transcrits tout comme les actes authentiques. Or, la transaction intervenue devant le Juge de Paix se trouve dans la catégorie des premiers, puisque, d'après l'article 54 du Code de procédure civile et l'article 17 § 3 de la loi du 25 mai 1838, elle n'a que FORCE D'OBLIGATION PRIVÉE.

La personne chargée de faire transcrire est celle à qui la transcription doit profiter, c'est-à-dire celle qui bénéficie de l'aliénation, du bail de plus de dix-huit années, de la quittance ou cession de loyers ou fermages non échus. Une seule exception à ce principe résulte de l'art. 4 de la loi du 23 mars 1855 qui oblige l'avoué à requérir la formalité, dans un cas particulier étranger aux matières qui peuvent se présenter en Justice de Paix, ce qui nous dispense de le relater. Donc le Juge de Paix ni le Greffier ne sont chargés de faire opérer la transcription. Mais de ce que la loi ne leur a pas imposé cette obligation, s'ensuit-il qu'ils puissent rester indifférents à l'accomplissement de la formalité ? Nous sommes loin de le penser. Le plus souvent les parties se présentent devant le magistrat cantonal sans l'assistance d'avoués ni de conseils. Quoiqu'elles soient censées connaître la loi sur la transcription hypothécaire, on peut dire sans hésiter que la plupart n'en soupçonnent pas même l'existence. Aussi, quand elles auront consenti une transaction ou obtenu un jugement, ne s'inquièteront-elles nullement de remplir une formalité dont elles ignorent la nécessité. Dans ce cas, le Juge de Paix surtout n'est-il pas leur conseil naturel, obligé par devoir de conscience de leur apprendre ce qu'elles ont à faire pour obtenir de la transaction ou du jugement tout le bénéfice qu'elles espèrent légitimement en retirer ? On ne saurait penser autrement sans méconnaître les principes les plus élémentaires de la responsabilité morale qui s'attache à l'exercice des fonctions de magistrat. Le Juge de Paix est un père de famille pour ses justiciables avec lesquels il est journellement en contact ; il leur doit le secours de ses lumières et aussi de ses conseils en tant qu'ils ne favorisent pas l'une des parties aux dépens de l'autre. Il ne mériterait pas la confiance que le législateur lui a accordée, principalement en matière de conciliation, s'il se désintéressait de tout ce dont la loi ne lui a pas fait une obligation expresse. Mais, quelque réserve qui nous soit imposée sur ce sujet, on nous permettra de dire que rarement on a pu faire aux Juges de Paix un tel reproche. Si l'on se rend compte de la sollicitude qu'ils mettent à ramener la concorde entre les parties, alors que de leurs efforts ils ne doivent recueillir que la satisfaction du devoir accompli, on sera convaincu qu'ils ne négligeront pas de porter leur attention sur le point que nous signalons. Leur rôle ne saurait aller jusqu'à faire opérer eux-mêmes la transcription quand elle est nécessaire (ce qui, répétons-le en terminant, ne se présente pas bien souvent), mais seulement à éveiller sur ce point la préoccupation des parties intéressées, en leur faisant connaître ce qu'elles ont à faire et les conséquences fâcheuses qu'entraînerait leur négligence. Ainsi averties, les parties prendront telle détermination qu'elles jugeront convenable ; le magistrat aura fini sa tâche, sa conscience sera en repos.

*Forcalquier, Mars 1877.*

CARPENTRAS, IMPRIMERIE PAUL TOURRETTE.

www.ingramcontent.com/pod-product-compliance
Lightning Source LLC
Chambersburg PA
CBHW061612050726
47595CB00007B/2918